55 Sprichwörter und Redewendungen nach Themen
Band 2

Texte und Zeichnungen
Gisela Darrah

© 2024 Gisela Darrah

Verlag: BoD • Books on Demand GmbH, In de Tarpen
42, 22848 Norderstedt

Druck: Libri Plureos GmbH, Friedensallee 273, 22763
Hamburg

ISBN: 978-3-7578-5990-9

Inhaltsverzeichnis

Vorwort

Was sind eigentlich die Unterschiede zwischen Redewendung, Sprichwort, Redensart und Ausdruck? Diese Abgrenzungen möchte ich meinem zweiten Band vorausschicken.

Das Sprichwort besteht immer aus einem ganzen Satz. Außerdem enthält es Lebensweisheiten, die moralische oder lebenspraktische Ratschläge darstellen.

Hier passt auch **die Bauernregel,** wobei diese sich immer auf das Wetter bezieht und manchmal auch ironisch gemeint ist.

Die **Redewendung** oder **Redensart** ist eine feste Verbindung von Wörtern, die oft eine bildliche Vorstellung erzeugt. Der Sinn der Redewendung erklärt sich nicht aus den reinen Bedeutungen der Wörter und sie hat oft historische oder kulturelle Wurzeln.

Manchmal gibt es eine wörtliche und eine übertragene Bedeutung. Zum Beispiel kann „vor seiner eigenen Tür kehren" tatsächlich bedeuten, vor der Tür sauber zu machen oder es ist damit gemeint, dass man sich um seine eigenen Angelegenheiten kümmern soll. Die Bedeutung erschließt sich im Zusammenhang.

Der **Ausdruck** ist ganz allgemein der Vorgang, Gedanken in Worte zu fassen. Ich drücke meine Gedanken, Gefühle und Vorstellungen aus.

Beim Verwenden von Redewendungen und Sprichwörtern entstehen Bilder im Kopf, die auch viel über die Kultur des jeweiligen Landes und der jeweiligen Sprache verraten.

Ich wünsche allen Lesern Freude an diesen gedanklichen Bildern.

Das Kopieren für Unterrichtszwecke ist ausdrücklich erlaubt.

1 Redewendungen zum Thema: „Wetter und Gefühle"

Was hat das Wetter denn mit Gefühlen zu tun? Sehr viel. Das kennt sicher jeder / jede von euch: Einmal fühlt man sich gut und voller Hoffnung, am nächsten Tag sieht alles ganz anders aus und man fühlt sich niedergeschlagen. Das erinnert an das Wetter. Mal Sonne, mal Regen …

1 Manchmal ist man auch **völlig durch den Wind**. Bist du schon mal durch einen starken Wind gegangen, der dir die Haare zerzaust und dich fast umgeworfen hat? Und wie hast du dann ausgesehen? Vielleicht wie diese Frau hier:

Ich bin völlig durch den Wind.
= Ich fühle mich verwirrt/erschöpft/nervös.

der Wind

normal

durch den Wind

Du hast zum Beispiel die Nachricht erhalten, dass du unerwartet viel Geld bezahlen musst. Du weißt gar nicht, wie du das machen sollst. Da bist du **völlig durch den Wind**. Oder du hast eine unangenehme Begegnung gehabt, jemand hat dich angegriffen und beleidigt. Nun bist du durch den Wind.

2 Auch ein sehr positives Gefühl, nämlich Verliebtsein, kann man durch ein Wetterphänomen gut ausdrücken. Wir sind **auf Wolke sieben**. Hier gibt es gleich zwei positive Bilder. **Die Wolke** steht für Leichtigkeit, Schweben und Freiheit. **Die Zahl Sieben** ist in vielen Kulturen eine Glückszahl oder zumindest eine wichtige Zahl.

Im Urlaub habe ich einen wunderbaren Mann kennengelernt. Wir sind auf Wolke sieben. Wir verstehen uns fantastisch und sind verliebt.

Wir sind auf Wolke 7.
= Wir sind sehr glücklich.
Wir sind verliebt.

3. *Der Mann auf dem nächsten Bild sieht traurig, niedergeschlagen und depressiv aus. Ich glaube aber nicht, dass es für diese Stimmung einen ernsten Grund gibt. Er ist einfach nicht so gut drauf.*

Ich versuche, ihn mit einem Witz aus seinem schlechten Zustand zu reißen und sage: **Hat es dir die Suppe verhagelt?**
Es kommt wohl im echten Leben nicht vor, dass Hagelkörner in eine Suppe fallen. Das klingt grotesk.
Diese Worte sagst du natürlich nicht zu einer Person, die wirklich Kummer und Sorgen hat. Das wäre unhöflich und gemein.

4. *Was kümmert mich der* **Schnee von gestern?** *Er ist nicht mehr aktuell, nicht mehr wichtig oder nicht mehr relevant. Er spielt in meinem jetzigen Leben keine Rolle mehr.*

In der Politik zum Beispiel könnte ich als Kritik sagen:

*Was der Kandidat XY vor der Wahl versprochen hat, ist leider schon wieder **Schnee von gestern.***

*Oder eine Familie kann sagen: Unsere Pläne, ein Haus zu bauen, sind **Schnee von gestern**. Die Preise sind so gestiegen, dass wir es uns nicht mehr leisten können.*

*5. Zum Schluss gebe ich dir noch einen Ratschlag mit auf den Weg: **Hab Sonne im Herzen**. Was auch passiert, bewahre dir das warme Gefühl in deinem Herzen, das hier durch die Sonne symbolisiert wird. Sonne steht für Wärme, Freude und gute Laune.*

Nochmal kurz:

1. **völlig durch den Wind sein** = nervös und verwirrt sein

2. **auf Wolke sieben sein** = verliebt sein, glücklich sein

3. **Hat es dir die Suppe verhagelt?** = Warum hast du schlechte Laune?

4. **Das ist Schnee von gestern.** = Das interessiert keinen mehr.

5. **Hab Sonne im Herzen!** = Sei fröhlich und guter Laune!

2 Redewendungen und Sprichwörter über Vögel

1. Die Redewendung: „**Eulen nach Athen tragen**" geht auf einen griechischen Dichter zurück, der um 400 v. Chr. gelebt hat.Es gab immer viele Eulen in Athen, deshalb war es überflüssig und unsinnig, eine Eule nach Athen zu bringen.Die Redewendung wird also angewandt, wenn ich zum Beispiel einer Freundin ein bestimmtes Schmuckstück zum Geburtstag schenke und dann feststelle, dass sie schon mehrere davon hat. Auch Gedanken und Ideen kann ich so bezeichnen. Ich habe mich angestrengt und eine Idee zu einem Problem entwickelt, nur um dann zu merken, dass diese schon existiert und schon angewandt wird.Dann kann man sagen: „Du brauchst diese Idee nicht mehr weiter zu verfolgen, **das bedeutet ja Eulen nach Athen tragen**."

2. „*Eine Schwalbe macht noch keinen Sommer.*" ist ein

Sprichwort,das es in vielen europäischen Ländern und Sprachen gibt,

zum Beispiel in Schweden und England. Auch dieses Sprichwort

stammt aus dem antiken Griechenland und geht auf eine Fabel von

Äsop zurück.

Die Schwalben sind Zugvögel und verbringen den Winter nicht im

kalten Deutschland, sondern in wärmeren, südlichen Ländern. Wenn

sie zurückkehren, ist das ein Zeichen, dass es wärmer wird. Allerdings

ist eine einzige Schwalbe noch kein Beweis für warmes, sommerliches

Wetter.

Eine Schwalbe macht noch keinen Sommer !

Wenn zum Beispiel mein Sohn in der Schule eine einzige gute Note

in einer Mathematikarbeit geschrieben hat, ist es noch nicht sicher,

dass es auch weiterhin so bleiben wird.

Oder ein Maler verkauft ein Bild. Ist das schon ein Zeichen dafür,

dass er jetzt berühmt wird? Leider nicht.

Man darf also keine voreiligen Schlüsse ziehen, nicht von einem

Beispiel auf das Ganze schließen. Eine Schwalbe macht noch

keinen Sommer.

Jetzt brat mir einer einen Storch!

3. Nun folgt ein umgangssprachlicher Ausdruck: „**Jetzt brat mir einer einen Storch!**

*Der Storch ist ein Vogel, der früher in Europa als Glücksbote galt. Über ihn gibt es ja auch die Aussage, dass er es ist, der die neugeborenen Kinder bringt. Heute ist das nicht mehr so verbreitet, aber früher wollte man Kindern nicht sagen, wie Babys eigentlich entstehen und geboren werden. Man sagte: „Der **Klapperstorch** hat das Baby gebracht."*

der Klapperstorch

bringt ein Baby

Vielleicht weil der Storch ein so gutes Image hatte, vielleicht weil er groß und kräftig ist und fliegen kann, vielleicht weil er im Frühjahr plötzlich aus dem Süden wieder nach Deutschland kam, war die Geschichte einigermaßen glaubhaft.

Was bedeutet nun dieser Ausspruch: „***Jetzt brat mir einer einen Storch!***"

Störche wurden nicht gegessen, sondern geschützt.

Einen Storch zu braten wäre also ganz und gar unmöglich oder erstaunlich.

„***Jetzt brat mir aber einer einen Storch!***" kann ich sagen, wenn ich sehr erstaunt bin, eine Nachricht gar nicht glauben kann.

„Das ist ja ein Wunder!" „Das gibt es ja gar nicht!"

„Das ist unerhört!" „Erstaunlich!"

4. Weit verbreitet ist die Redewendung: „**lieber den Spatz in der Hand als die Taube auf dem Dach**"

Der Spatz ist klein und unscheinbar, die Taube ist größer und beliebter.

Aber was ich in der Hand habe ist sicher, und was auf dem Dach sitzt, werde ich vielleicht nie bekommen.

Man soll also kein Risiko eingehen, man soll mit dem zufrieden sein, was man hat.

Mein Auto ist nicht so groß und nicht so modern, aber es fährt.

Ein besseres Auto zu kaufen, kann ich mir nicht leisten.

5. *Ebenso mit dem Spatz hat diese Redewendung zu tun:*

Das pfeifen die Spatzen von den Dächern.

Bedeutung: Das ist nichts Neues, das ist schon überall bekannt.

6. Zuletzt erzähle ich euch noch von einer sogenannten „Bauernregel". Bauern kennen sich schon immer gut mit dem Wetter aus, da gibt es viele Sprüche und Regeln. Dieser Spruch aber ist humorvoll gemeint.

Wenn der Hahn kräht auf dem Mist,
dann ändert sich das Wetter oder es bleibt wie es ist.

Da macht man sich über das Wetter in Deutschland lustig.
Es lässt sich einfach nicht voraussagen, ist unbeständig.

Nochmal kurz:

1. **Eulen nach Athen tragen** = *Etwas bringen, das schon im Überfluss da ist.*

2. **Eine Schwalbe macht noch keinen Sommer.**
   = Ein Anzeichen reicht nicht als Beweis aus.

3. **Jetzt brat mir einer einen Storch!** = *Das ist ja ganz ungewöhnlich.*

4. **... lieber den Spatz in der Hand als die Taube auf dem Dach**
   = lieber etwas Einfaches sicher haben als etwas Besonderes vielleicht haben.

5. **Das pfeifen alle Spatzen von den Dächern.** = *Das ist schon bekannt.*

6. **Wenn der Hahn kräht auf dem Mist,**
   dann ändert sich das Wetter,
   oder es bleibt, wie es ist.
   = Das deutsche Wetter ist unbeständig und lässt sich nicht vorhersagen.

3 Redewendungen zum Thema Kleidung (2)

Einige Ausdrücke und Redewendungen nennen Kleidungsstücke, meinen aber in Wirklichkeit etwas ganz anderes.

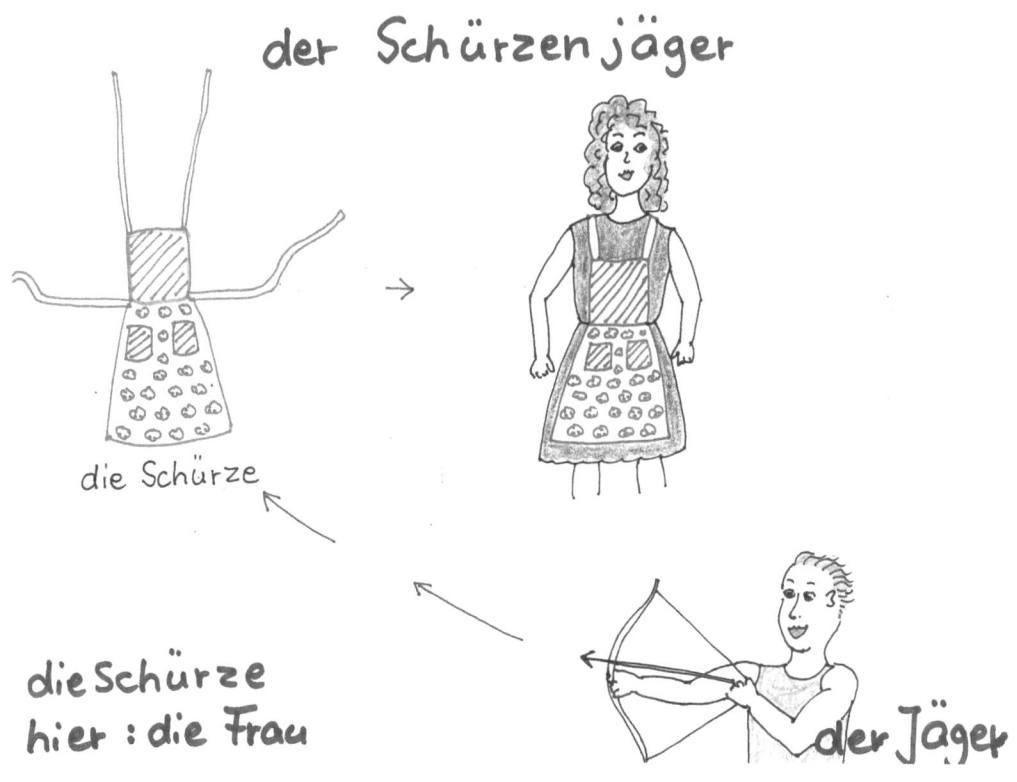

der Schürzenjäger

die Schürze

die Schürze
hier: die Frau

der Jäger

1. *So verhält es sich auch mit dem Wort „***Schürzenjäger***". Die Schürze trägt eine Hausfrau zum Kochen oder zu anderen Hausarbeiten, um ihre Kleidung zu schonen. Der Pulli oder die Bluse soll keine Flecken bekommen. Heutzutage tragen auch Männer beim Grillen manchmal eine Schürze.*

*In unserem Ausdruck steht „Schürze" aber ganz allgemein für „Frau". Ein Mann möchte viele Frauen beeindrucken und für sich erobern. Wir nennen einen Mann „***Schürzenjäger***", wenn er mit allen Frauen flirtet.*

2 *Wenn er das tut, werden vermutlich die Ehemänner, die Väter oder die Frauen selbst auf ihn böse sein.* **Dann geht es ihm an den Kragen.**

Der Kragen ist der Teil eines Hemds, einer Jacke oder eines Mantels, der sich nah am Hals befindet.

Es geht dir an den kragen!
= Es wird gefährlich für dich.
/ Du wirst bestraft. / Gegen dich wird vorgegangen.

Die Redewendung kann man auf viele Situationen übertragen. Jemand hat schwarz gearbeitet und hat keine Steuern bezahlt. Das Finanzamt hat es aber gemerkt und **jetzt geht es ihm an den Kragen.** *Jetzt muss er alle Steuern und noch eine Strafe bezahlen.*

Ich bin ganz von den Socken!

= Ich bin überrascht / verblüfft / erstaunt / begeistert

die Socken

3 Die Redewendung „**Ich bin ganz von den Socken.**" *wird oft positiv verwendet. Dein neues Haus ist wirklich toll,* **ich bin ganz von den Socken.**

„Von den Socken" sagt aus, dass sich etwas außerhalb der Normalität befindet, etwas Besonderes ist.

Lukas bekommt zum Geburtstag von seinen Kollegen eine Kurzreise in eine interessante Stadt geschenkt. **Er ist ganz von den Socken,** *er freut sich sehr. Dieselbe Bedeutung hat auch: „Er ist ganz aus dem Häuschen."*

4 *Der Ärmel ist der Teil an einem Kleidungsstück, wo der Arm hineinkommt. Es gibt lange Ärmel, kurze Ärmel oder auch ärmellose Kleider, Blusen oder Jacken.*

Zu welchen Gelegenheiten würdest du deinen Ärmel hochkrempeln? Richtig! Wenn du etwas arbeiten willst, wo der Ärmel stört oder nicht nass werden soll. Geschirr spülen, im Garten arbeiten, ein Auto reparieren …

Also ist „**Wir krempeln jetzt die Ärmel hoch.**" ein Synonym für „Wir bereiten uns auf die Arbeit vor."

Manchmal wird der Ausdruck als Aufforderung gebraucht:

„**Lasst uns die Ärmel hochkrempeln und anfangen.**"

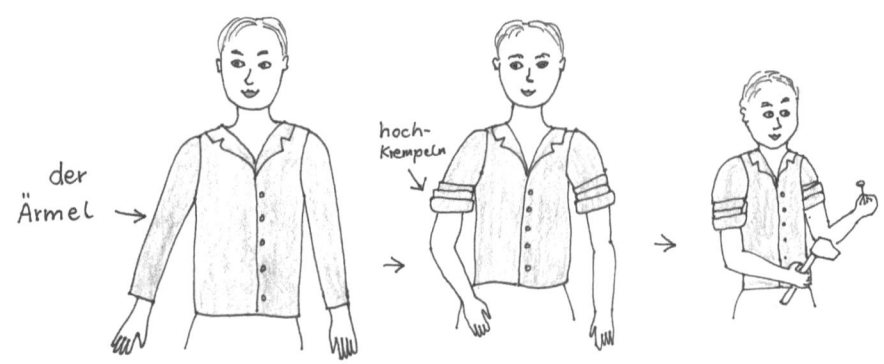

die Ärmel hochkrempeln
= sich für die Arbeit bereit machen

5. Oft hat man verschiedene Schichten von Kleidung an: eine Jacke, ein Hemd, ein Unterhemd. Das Unterhemd ist das letzte Hemd. Wenn ich über Florian sage: „**Er würde sein letztes Hemd hergeben.**", dann ist damit gemeint, dass er sehr freigebig und großzügig zu seinen Freunden und seiner Familie ist. Die Aussage ist ein Lob für Florian, er hilft vielen, aber es ist auch ein kleines bisschen Sorge dabei. Florian muss aufpassen, dass er selbst auch etwas für sich behält.

6. Eine Person nimmt ihren Hut.

In früherer Zeit war es üblich, dass Männer auf der Straße immer einen Hut trugen. Wenn sie sich dann begegneten, hoben sie zum Gruß ihren Hut hoch. Das gehörte zur bürgerlichen Gesellschaft.

*Wenn also jemand zu Hause war und weggehen wollte, **nahm er seinen Hut**, der an der Garderobe hing, und setzte ihn auf.*

„seinen Hut nehmen" ist heute ein Synonym für „weggehen".

Oft wird es in der Politik verwendet, auch wenn die Leute gar keine Hüte mehr tragen, für männliche oder weibliche Personen, die aus einem Amt ausscheiden und weggehen.

Nochmal kurz:

1. **der Schürzenjäger** = *der Frauenheld*

2. **Es geht ihm an den Kragen.** = *Ihm droht jetzt eine Strafe oder Rache.*

3. **Ich bin ganz von den Socken.** = *Ich bin ganz begeistert.*

4. **die Ärmel hochkrempeln** = *sich zum Arbeiten vorbereiten*

5. **Er würde sein letztes Hemd hergeben.** = *Er ist sehr freigebig.*

6. **Eine Person nimmt ihren Hut.** = *Jemand scheidet aus seinem Amt aus.*

4 Redewendungen zum Thema Schule

In der Schule lernen wir zuerst lesen, schreiben und rechnen. Viele Redewendungen handeln davon.

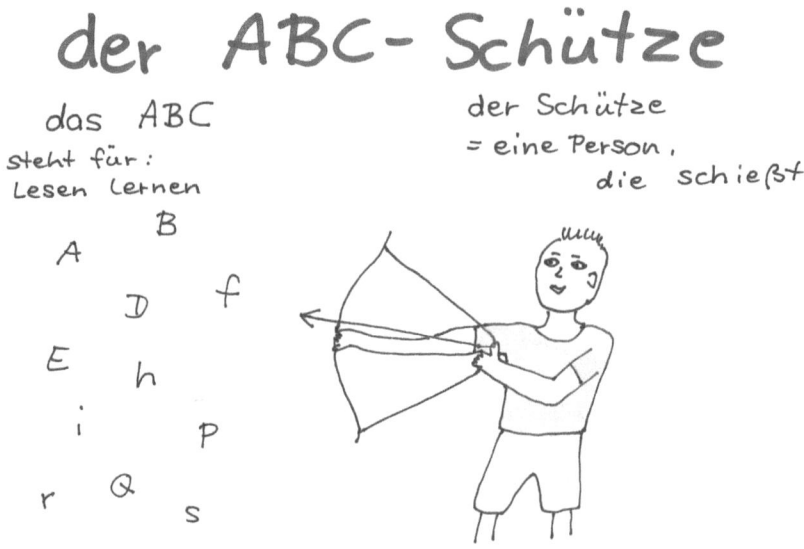

1. Ein Kind, das in die Schule kommt, wird auch „**ABC-Schütze**" genannt. Ein Schütze ist eine Person, die schießt. Man muss ja die Buchstaben, also das ABC, richtig treffen. ABC-Schützen treffen am Anfang auch manchmal daneben, wie bei richtigen Schützen auch.

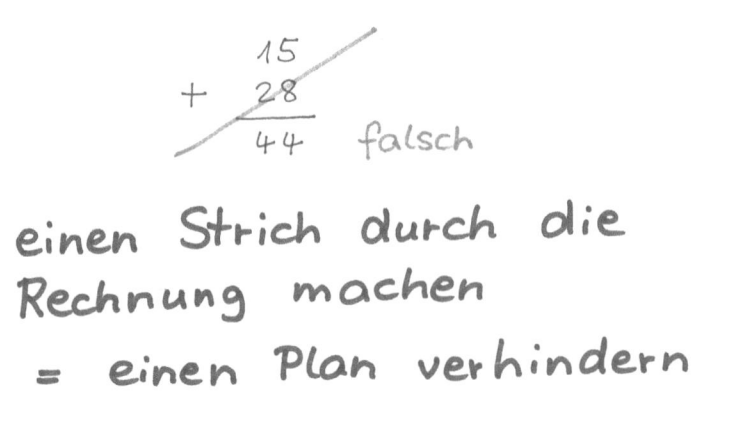

2. Wenn ein Schüler in einer Rechnung einen Fehler macht, kommt es vor, dass der Lehrer ihm mit einem Rotstift **einen Strich durch die Rechnung** macht.

Im übertragenen Sinn heißt das, das jemand verhindert, dass ein Plan realisiert wird.

Leider konnte das Picknick nicht stattfinden, der Regen **hat uns einen Strich durch die Rechnung gemacht.**

Viele Restaurants haben Konkurs angemeldet, weil die Corona-Pandemie **ihnen einen Strich durch die Rechnung gemacht hat.**

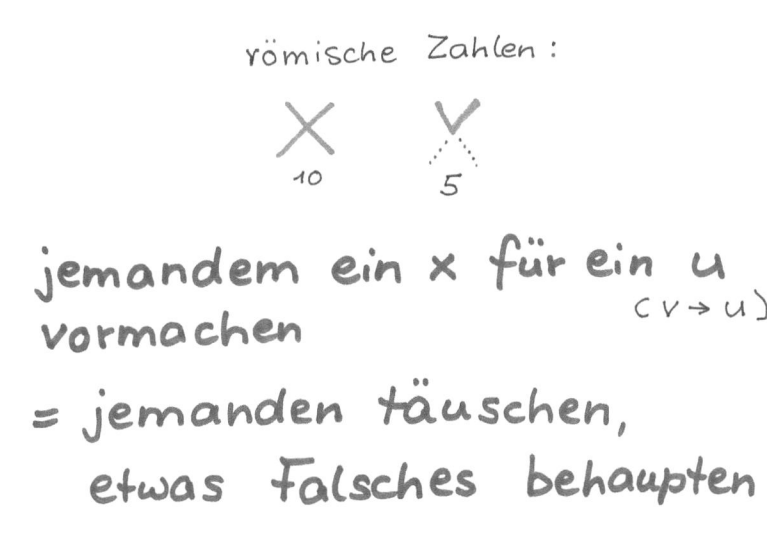

3. In einer Diskussion kann man gut die folgende Redewendung verwenden: **jemandem ein X für ein U vormachen.**

Jemand stellt eine Behauptung auf, die du für unwahr hältst. Deshalb sagt du: „ Nein, das ist nicht richtig. **Ich lasse mir doch nicht ein X für ein U vormachen.“**

Der Ursprung der Redewendung geht auf die römischen Zahlen zurück. Das X als römische Zahl bedeutet 10, das V dagegen, also die Hälfte des X, bedeutet 5. Das V hat sich später zum U entwickelt.

Du misstraust einer anderen Person, du glaubst, dass er dich täuschen will, dass er dir absichtlich die Unwahrheit sagt.

Du sagst: **Der will mir doch ein X für ein U vormachen**. Das lasse ich mir nicht gefallen.

4. Stell dir folgende Situation vor: Ein Freund möchte mit dir in die Disco gehen. Du kannst aber nicht mitgehen, weil du am nächsten Tag einen wichtigen Test schreibst. Du sagst: „Tut mir leid, ich muss lernen."

Dein Freund ist enttäuscht und sagt: „ Ach, komm doch mit. **Lass doch mal fünfe gerade sein**." Er meint damit: Die Fünf ist keine gerade Zahl, aber das ist egal. Wir nehmen es nicht so genau.

Die Entscheidung musst du dann natürlich selbst treffen.

1 , 3 , 5 , 7 , 9 , 11 , 13 ...   ungerade Zahlen

2 , 4 , 6 , 8 , 10 , 12 , 14 ...   gerade Zahlen

fünfe gerade sein lassen

= es nicht so genau nehmen,
etwas durchgehen lassen,
nicht so korrekt sein

5. Tinte ist gewöhnlich dunkelblau und färbt stark. Man möchte nicht gern darin sitzen. Trotzdem kommt es manchmal vor, dass ein Tintenfass umfällt und man dann seine Hose oder seinen Pulli damit verfärbt. Im übertragenen Sinn heißt das: Man hat ein Problem.

Die Kinder haben von dem Kuchen genascht, der für den Sonntag gebacken wurde. Die Mutter hat es gemerkt und ist sauer, **jetzt sitzen sie in der Tinte.**

in der Tinte sitzen

= in einer unangenehmen Situation sein

Klaus hat beim Test abgeschrieben, leider hat er genau den gleichen Fehler wie sein Sitznachbar.

Jetzt sitzt er in der Tinte.

Hoffentlich sitzt ihr nicht in der Tinte und niemand macht euch einen Strich durch die Rechnung.

Nochmal kurz:

1. **ein ABC-Schütze** = ein Schüler der ersten Klasse
2. **jemandem einen Strich durch die Rechnung machen**
   = einen Plan durchkreuzen, etwas verhindern
3. **jemandem ein X für ein U vormachen** = jemanden täuschen, etwas Falsches behaupten
4. **fünfe gerade sein lassen** = es nicht so genau nehmen, etwas zulassen, das man eigentlich nicht akzeptabel ist
5. **in der Tinte sitzen** = ein Problem haben, in einer unangenehmen Situation sein, beschuldigt sein

5 Redewendungen zum Thema Haushalt (2)

1 *Leider habe ich eine Wohnung gemietet, die keinen Balkon hat. Die Küche ist auch sehr klein und das Wohnzimmer ist laut, weil eine viel befahrene Straße in der Nähe ist. Das habe ich alles vorher nicht bedacht. Naja.* **Wie man sich bettet, so liegt man.**

Wie man sich bettet,
so liegt man.
= Wie man sein Leben organisiert,
so lebt man.

Das Nomen „Bett" kann als Verb verwendet werden und bedeutet, dass man sich einen Schlafplatz einrichtet.

Diese Redewendung kann man auch auf menschliche Beziehungen oder die Wahl des Berufs anwenden. Ich sollte immer vorher bedenken: Werde ich mich bei dieser Wahl gut fühlen? Dann habe ich mich richtig gebettet.

2 *Manchmal lässt sich eine Entscheidung ja auch wieder*
*„****ausbügeln****". So wie man an der Kleidung die Falten mit dem*
Bügeleisen *beseitigen kann, kann man einen Fehler oder eine falsche*
Entscheidung wieder gut machen. Meine Schwester ist sauer, weil ich
ihren Geburtstag vergessen habe. Das muss ich sofort mit einem
großen Blumenstrauß wieder ***ausbügeln****.*

Der Chef sagt zu seiner Sekretärin: Sie haben den Brief an den
falschen Kunden geschickt. ***Ich erwarte von Ihnen, dass Sie das***
sofort wieder ausbügeln.

einen Fehler wieder
ausbügeln
= einen Fehler korrigieren

20 + 7 = 30

3   Bleiben wir mal bei menschlichen Beziehungen. In einer Familie zum Beispiel ist es gut, wenn alle zusammenarbeiten und gemeinsam die notwendigen Arbeiten erledigen. Aber leider ist das nicht in allen Familien der Fall. Es kommt vor, **dass jeder sein eigenes Süppchen kocht** und seinen eigenen Vorteil im Blick hat.

Der Abteilungsleiter in einer Firma ist auch dieser Meinung. Er hält eine Rede bei der Betriebsfeier. „Liebe Mitarbeiter, ich bedanke mich bei Ihnen, dass die Zusammenarbeit so toll klappt. Bei uns ist es wirklich so, dass die Kommunikation stimmt und alle an einem Strang ziehen. **Es ist toll, dass hier nicht jeder sein eigenes Süppchen kocht, sondern Teamgeist herrscht.**"

Das ist ein schönes Lob für die Kollegen.

4   In einem Haushalt geht auch mal etwas kaputt. Der Boden in der Küche ist vielleicht feucht und schon rutscht jemand aus und die Schüssel geht kaputt. Meistens ist man erschrocken und traurig darüber. Aber man wird getröstet durch den Spruch: „**Scherben bringen Glück!**"

Diese Ansicht zeigt sich auch bei dem Brauch, am Tag vor der Hochzeit einen Polterabend zu veranstalten. Vorher wird altes Geschirr gesammelt und alle versammeln sich draußen im Hof und werfen Teller, Tassen und Schüsseln an die Wand. Das soll dem Brautpaar Glück bringen.

5. *Karla geht für ein Jahr als Au Pair nach Australien. Die Zeit kommt näher und sie ist schon nervös. Wie wird es dort sein? Werde ich alles verstehen? Werde ich alles richtig machen?*

Ihre Mutter beruhigt sie: „Du brauchst keine Angst zu haben. **Dort wird auch nur mit Wasser gekocht."**

Das bedeutet, dass menschliche Lebensbedingungen doch überall gleich sind. Um eine Suppe zu kochen, brauche ich in jedem Land der Erde Wasser.

Dieses Sprichwort ist als eine Beruhigung gedacht, wenn jemand sich in ein unbekanntes Gebiet wagt und Bedenken oder Ängste hat.

Ob in einer neuen Firma, in einem fremden Land, in einer neuen Sportgruppe oder einer neuen Schule, überall sind Menschen Menschen und sind ähnlich. **Sie kochen alle mit Wasser.**

<u>*Nochmal kurz:*</u>

1. **Wie man sich bettet, so liegt man.** = *Wie man sich organisiert, so lebt man.*
2. **etwas wieder ausbügeln** = *etwas wieder in Ordnung bringen*
3. **sein eigenes Süppchen kochen** = *egoistisch sein, nur für sich denken*
4. **Scherben bringen Glück.** = *Wenn etwas zerbricht, muss man nicht traurig sein.*
5. **Dort wird auch nur mit Wasser gekocht.** = *Überall auf der Welt sind Menschen ähnlich. Menschen bleiben Menschen.*

6 Redewendungen zum Thema Handwerk

Zum Handwerk zählen alle Berufe, in denen man mit den Händen arbeitet. Zum Beispiel Schreiner, Schneider, Bäcker, Maurer, ….

Man sagt auch, **das Handwerk hat goldenen Boden.** Damit meint man, dass die Handwerker viel Geld verdienen können.
Handwerker benutzen für ihre Berufe auch Werkzeug und Hilfsmittel: Hammer, Nagel, Schrauben …

1 Damit sind wir schon beim ersten umgangssprachlichen Ausdruck:
„Du hast ja eine Schraube locker."
Es ist ein eher freundlicher Ausdruck, denn die Schraube ist ja nur locker und kann leicht wieder eingedreht werden. Ich will damit sagen, dass das Denken eines Menschen nicht so ganz funktioniert, es ist aber noch nicht zu spät.
Unter Freunden und in der Familie ist das ein lustiger Ausdruck.
Vielleicht unter Kollegen im Büro, wenn man mit etwas nicht einverstanden ist. **„Sie haben wohl eine Schraube locker?"** Aber da wäre ich schon vorsichtig.

2 *Die **Axt** ist das Werkzeug, mit dem man Holz hacken oder bearbeiten kann. **Der Zimmermann** braucht es, um das Dach richtig zu bauen.*

Wenn ich selbst eine Axt im Haus habe, brauche ich den Zimmermann nicht, ich kann es selbst machen.

„Die Axt im Haus erspart den Zimmermann.“

Die Axt im Haus erspart den Zimmermann.
= Du kannst es auch selbst machen!

die Axt →

Dieses Sprichwort kann auf viele Situationen übertragen werden. Ganz allgemein, wenn ich das passende Werkzeug habe, brauche ich kein Geld für fremde Hilfe auszugeben.

Ich kann so auch fleißige Menschen loben, die etwas selbst gemacht haben.

Mein Bruder Alex hat selbst sein Bad eingebaut. Jedes Wochenende hat er daran gearbeitet.

Ja, die Axt im Haus erspart den Zimmermann.

3 Der Schreiner benutzt ein Werkzeug, um ein Stück Holz kleiner zu machen, zu formen. Es ist der Hobel, ihr seht es auf dem Bild hier. Und wirklich, überall, **wo gehobelt wird, fallen Späne**. Die Späne sind nicht das Ziel der Arbeit, sondern das Holz. Aber die Späne sind ein Nebenprodukt.

Wo gehobelt wird, fallen Späne.
= Jede Handlung / Entscheidung hat auch Konsequenzen.

der Hobel →

die Späne →

Die Bedeutung des Spruchs ist also: Jede Handlung hat auch Konsequenzen, das muss man in Kauf nehmen. Das lässt sich nicht vermeiden. Ohne Späne kann man nicht hobeln.
Du kochst ein leckeres Essen für die Familie. Dein Mann oder deine Frau beschwert sich, wie die Küche aussieht und du sagst: „**Wo gehobelt wird, fallen Späne.** Das ist normal.“

In einer Abteilung einer Firma arbeiten viele Kollegen zusammen. Natürlich gibt es da auch mal einen Konflikt oder Streit. **Wo gehobelt wird, fallen Späne.**

4 Der Dachdecker arbeitet am Bau eines Hauses. Er deckt das Dach mit Ziegeln. Er hat einen gefährlichen Beruf und muss hoch oben auf dem Haus arbeiten. Sein Chef oder Baumeister kommt nicht mit hinauf und er ist oben mit seinen Kollegen allein.

Deshalb sagt man: „**Das kannst du halten wie ein Dachdecker.**"

Bedeutung: Das kannst du ganz allein entscheiden. Das kannst du machen wie du willst. Niemand anders schreibt dir etwas vor.

Diese Redewendung kannst du in jeder Situation sagen.

Deine Frau fragt dich: „Was soll ich morgen kochen?"

Dein Sohn fragt dich: „Soll ich lieber Fußball spielen oder Basketball?"

Dein Kollege fragt dich: „ Welche Bestellung soll ich zuerst bearbeiten?"

Du möchtest sagen: „Egal."

Sag doch lieber: „**Das kannst du halten wie ein Dachdecker.**"

5 Zuletzt möchte ich mich verabschieden und euch Glück wünschen mit diesem **Schornsteinfeger.**

Vielleicht ist es euch schon aufgefallen, er ist einer der

Glückssymbole, *die man zu Silvester und zum neuen Jahr überall sieht.*

Der Schornsteinfeger bringt Glück, *weil ein sauberer Schornstein sehr wichtig ist. Man kann kochen und auch heizen, die Familie ist zufrieden.*

Schornsteinfeger bringen Glück.
(Sprichwort)

der Schornsteinfeger ←

Begründung:
Wenn der Schornstein sauber ist, kann man wieder kochen und heizen. Das war immer extrem wichtig.

der
← Schornstein

<u>Nochmal kurz:</u>

1. **Handwerk hat goldenen Boden.** = *Mit Handwerk kann man viel Geld verdienen.*

2. **Du hast ja eine Schraube locker**. = *Du spinnst. Du bist verrückt.*

3. **Die Axt im Haus erspart den Zimmermann.**
   = *Wenn du es selbst machst, sparst du Geld.*

4. **Wo gehobelt wird, da fallen Späne.** = *Es gibt überall auch Nachteile.*

5. **Das kannst du halten wie ein Dachdecker.** = *Das kannst du machen wie du willst.*

6. **Schornsteinfeger bringen Glück.** = *Der Schornsteinfeger ist ein Glückssymbol.*

7 Redewendungen zum Thema Tiere (3)

1. **Die Gans** ist ein Haustier und ihr kennt vielleicht den Gänsebraten, oder die Gänseleberpastete. Gänsefedern dienten in früherer Zeit zum Schreiben mit Tinte.

im Gänsemarsch laufen
= hintereinander laufen

Die Redewendung **„im Gänsemarsch laufen"** verwenden wir, wenn Personen hintereinander laufen wie eine Gänsemutter und ihre Kinder, die Küken.

Du findest den Ausdruck zum Beispiel beim Sport, wenn der Sportlehrer sagt: **„Bitte im Gänsemarsch laufen!"**

Auch beim Wandern in der Freizeit kommt es vor: „Der Weg war so schmal, **dass wir im Gänsemarsch laufen mussten**.“

2. Der zweite Ausdruck ist umgangssprachlich und lautet:

„Du schaust wie die Gänse, wenn es donnert.“

Ehrlich gesagt, habe ich noch nie Gänse gesehen, wenn es donnert. Aber sie schauen vermutlich erschreckt, so wie wir Menschen auch. Eine Variante ist: „Schau nicht so wie die Gänse, wenn's donnert.“ Damit bringe ich zum Ausdruck, dass sich die andere Person nicht erschrecken soll.

3. Nun zum **Frosch**. Er hat keine schöne Stimme, sie klingt für Menschen nicht so attraktiv. Wenn ich eines Tages plötzlich heiser bin, also eine raue Stimme habe, nicht deutlich sprechen kann, dann habe ich einen „**Frosch im Hals**“.

Du findest diesen umgangssprachlichen Ausdruck zum Beispiel beim Arzt im Wartezimmer oder in einer Familie, wo jemand erzählt, dass er oder sie wegen einer Erkältung nicht gut sprechen kann.

Du erzählst deiner Freundin: „**Seit gestern habe ich einen Frosch im Hals**, ich weiß nicht, was ich machen soll.“

einen Frosch im Hals haben
= eine raue Stimme haben

rr r
ä ä ä
kr kr kr

3

4. Zu einem ängstlichen Menschen sagt man oft: „**Sei kein Frosch!**"

Frösche sind Tiere, die niemals kämpfen, sondern immer fliehen. Sie haben keine Möglichkeit, sich zu wehren und werden von vielen größeren Tieren gefressen.

5. **Die Kuh** ist ein beliebtes Tier. Wir bekommen von ihr die Milch, davon wird Käse, Quark, Joghurt und vieles andere gemacht.
Seit Jahrhunderten gibt es Kühe, die mit uns leben und von denen wir leben.
Die Redewendung „**die Kuh vom Eis holen**" beschreibt die Situation, dass eine Kuh im Winter auf einen vereisten See hinaus gegangen ist und nicht allein zurückkommen kann. Für den Bauern ist das ein Problem, weil die Kuh sehr schwer ist, weil sie rutscht und weil es gefährlich ist. Damit wird der Ausdruck zu einem Synonym für ein großes, schwieriges Problem.

*„**Wie holen wir jetzt die Kuh vom Eis?**" So heißt es dann in einer Firma, wenn ein schwieriges Problem aufgetreten ist.*

Die Redewendung ist gebräuchlich im Geschäftsleben, in der Familie, in Organisationen und Vereinen. Sie zeigt anschaulich, wie schwierig eine Situation ist und wie geschickt man sein muss, um sie zu bewältigen.

*__6.__ Ebenfalls mit der Kuh hat folgender umgangssprachlicher Ausdruck zu tun: „**Das geht auf keine Kuhhaut.**"*

*Früher, als es noch kein Papier gab, hat man auf viele Materialien geschrieben, auch auf Leder. Die Haut der Kuh ist ziemlich groß, und trotzdem ist etwas so groß und umfangreich, **dass es auf keine Kuhhaut geschrieben werden könnte.***

Du verwendest den Ausdruck, wenn etwas sehr überraschend und empörend und unbeschreiblich erscheint, oft im negativen Sinn.

*„Er gibt so viel Geld aus, **das geht auf keine Kuhhaut.**"*
Also: Ich denke, er gibt viel zu viel Geld aus.
*„Ich habe so viel Arbeit mit meinem Garten, **das geht auf keine Kuhhaut.**"*
*„Frau Walter hat mir so viele Fragen gestellt, **das geht auf keine Kuhhaut.**"*
*„Auf dem Oktoberfest in München sind so viele Menschen, **das geht auf keine Kuhhaut.**"*

1. **im Gänsemarsch laufen** = *hintereinander laufen*

2. **schauen wie die Gänse, wenn´s donnert** = *extrem erstaunt sein*

3. **einen Frosch im Hals haben** = *heiser sein, nicht gut sprechen können*

4. **Sei kein Frosch!** = *Hab keine Angst! Sei mutig!*

5. **die Kuh vom Eis holen** = *ein schwieriges Problem bewältigen*

6. **Das geht auf keine Kuhhaut**. = *Das ist extrem viel.*

8. Sprichwörter und Redewendungen zum Thema „schlechte Menschen"

*„**Jemanden übers Ohr hauen**", diese Redewendung gilt als Synonym für „jemanden betrügen, jemanden übervorteilen". Der Ausdruck kommt aus der Sprache der Fechter.*

übers Ohr hauen

(aus der Sprache der Fechter)

Es gibt Regeln, wie man sich beim Fechten verhalten sollte. Es gilt als unfair, oberhalb der Ohren zu schlagen.

Du ärgerst dich, weil du für eine Jacke zu viel Geld bezahlt hast. In einem anderen Geschäft kostet die gleiche Jacke viel weniger.

*Du sagst zu einer Freundin: **Ich bin übers Ohr gehauen worden.** Dort kaufe ich nie wieder etwas.*

*Dein Bruder möchte ein Auto kaufen. Du gibst ihm Ratschläge und sagst: „**Vorsicht! Lass dich nicht übers Ohr hauen**. Informiere dich zuerst, wie dieses Modell bewertet wird."*

Jemand bietet dir einen Service an, zum Beispiel eine Reparatur an deiner Kleidung, und nennt einen hohen Preis.

Du sagst: „**Was? Willst du mich übers Ohr hauen**? Das kann ich woanders billiger machen lassen.“

2. Wer andern eine Grube gräbt, fällt selbst hinein.

Dieses Sprichwort sagt aus, dass es auch für dich zu einem Schaden kommen kann, wenn du einer anderen Person etwas Böses zufügst. Mit „Grube“ ist hier eine Falle gemeint, mit der man zum Beispiel Tiere fängt. Früher wurden Bären, Wölfe oder auch Hasen in eine Grube gelockt, aus der sie sich nicht selbst befreien konnten. Wir sprechen also von einem bösen Trick, einem Hinterhalt.

Möglich wäre es, dass sich der Täter dann in Lügen verstrickt oder in Probleme, die ihm selbst schaden.

Das Sprichwort kommt eher in der Literatur als in einer neuzeitlichen Konversation vor.

3. Wer solche Freunde hat, braucht keine Feinde mehr.

Diese umgangssprachliche Redensart wird oft gebraucht, wenn man von Freunden enttäuscht ist.

Ein guter Freund hat versprochen, dir beim Umzug zu helfen. Als der Tag kommt, schickt er dir eine Nachricht, dass er leider krank sei und nicht kommen könne.

Dadurch wird dein Umzug furchtbar anstrengend, weil du zu wenige Helfer hast. Einige Zeit später erfährst du, welche „Krankheit" dein Freund hatte: Er war zu einer Party eingeladen und hat sich toll amüsiert.

Da kann man ja wirklich nur sagen: **Wer solche Freunde hat, braucht keine Feinde mehr.**

4. mit gespaltener Zunge sprechen

Dieser Ausdruck bedeutet: die Unwahrheit sprechen, nicht ehrlich sein, hinterlistig sein, jemanden zu etwas überreden wollen
Wer hat denn **eine gespaltene Zunge**? - Die Schlange!

mit gespaltener Zunge
sprechen

Da fällt mir spontan die Geschichte von Adam und Eva im Paradies ein. Die Schlange hat Eva überredet, von der verbotenen Frucht zu essen. Dadurch kam viel Unglück über die ersten Menschen, sie wurden aus dem Paradies verwiesen und hatten als Bauern ein schweres Leben.

Man kann den Ausdruck verwenden, wenn man z. B. einem Verkäufer nicht vertraut. „Ich traue ihm nicht, **er spricht mit gespaltener Zunge**."

5. Was du nicht willst, das man dir tu, das füg auch keinem andren zu.

Dieses Sprichwort könnte man als Zitat bezeichnen, weil es aus Martin Luthers (1463 – 1546) Übersetzung der Bibel stammt.

„Du sollst also anderen nichts antun, das dir nicht gefallen würde, wenn jemand es dir antut." Das gilt als Grundregel für das Zusammenleben von Menschen.

So ähnlich hat es auch der Philosoph Immanuel Kant (1724 – 1804) in seinem „kategorischen Imperativ" ausgedrückt: „Handle immer so, dass es gut wäre, wenn jeder so handeln würde."

Wenn alle Menschen diese Ansicht hätten, gäbe es wohl keine Verbrechen mehr.

Was du nicht willst, das man dir tu,
das füg auch keinem andren zu!

Nochmal kurz:

1. **eine Person übers Ohr hauen** = *eine Person betrügen*

2. **Wer andern eine Grube gräbt, fällt selbst hinein.**
   Wer andere übervorteilen will, hat selbst Nachteile.

3. **Wer solche Freunde hat, braucht keine Feinde mehr.**
   = Auf solche Freunde kann man verzichten.

4. **mit gespaltener Zunge sprechen** = *die Unwahrheit sagen, lügen*

5. **Was du nicht willst, das man dir tu,**
   das füg auch keinem andern zu.
   = Verhalte dich zu anderen Menschen so, wie du es auch erleben möchtest.

9. *Redewendungen zum Thema Früchte*

1. in den sauren Apfel beißen

Die meisten Menschen möchten lieber in einen süßen Apfel beißen. Es gibt aber Situationen im Leben, wo es nicht danach geht, was man gern möchte, sondern wo man etwas Unangenehmes, etwas Anstrengendes oder Gefährliches tun muss.

Timo hat eine neue Wohnung. Leider sind die Wände nicht mehr so schön. **Er muss in den sauren Apfel beißen** *und die Wohnung renovieren, alle Wände streichen, damit er sich später freuen kann.*

Amela ist krank. Der Arzt hat ihr eine Medizin verschrieben, die sehr bitter ist, aber gut hilft. **Deshalb muss sie in den sauren Apfel beißen** *und diese Medizin dreimal täglich nehmen.*

in den sauren Apfel beißen

2. mit jemandem ist nicht gut Kirschen essen

Diese Redewendung beschreibt eine Person, die schwierig oder aggressiv ist. Es ist nicht leicht, mit ihr zu kommunizieren oder zusammenzuarbeiten.

Die Redewendung hat eine lange Geschichte. Kirschen waren früher nur eine Speise für Reiche. Ärmere Menschen konnten es sich nicht leisten, sie zu essen, sie wurden auch nicht zum Kirschen essen eingeladen.

Es wird sogar erzählt, dass Personen, die unerlaubt mitgegessen haben, mit den Kirschkernen bespuckt wurden.

Mit den Reichen war also **nicht gut Kirschen essen**.

Heute beschreibt man u. B. einen schwierigen Chef, einen zu strengen Lehrer oder launische Personen mit diesem Ausdruck.

3. Äpfel mit Birnen vergleichen

Der Apfel ist rund oder fast rund. Die Birne dagegen hat eine ovale Form, oben schmal und unten breit.
Die beiden Früchte sind also nicht zu verwechseln, weil sie nicht die gleiche Form haben.

Stefan hat reiche Eltern. Er hat nie in seinem Leben Probleme mit Geld kennengelernt. So kann er abends ausgehen und muss sich keine Sorgen machen.
Olaf ist in einer anderen Lage. Er verdient nur wenig und muss auf sein Geld achten. Leider kann er nur selten ausgehen, weil er sonst nicht genug Geld für seinen Lebensunterhalt hat.
Zwei Mädchen unterhalten sich über die beiden. Olivia sagt: „Ich finde Stefan interessanter. Er ist gut gekleidet und lädt mich immer ein."
Elvira sagt: „**Moment mal. Du kannst doch nicht Äpfel mit Birnen vergleichen.** Stefan hat sein Geld nicht selbst verdient, das ist alles von seinen Eltern."

4. Jemanden wie eine Zitrone ausquetschen

Die Zitrone hat einen Saft, den man für viele Speisen, z. B. für Salat, verwenden kann. Um den Saft zu bekommen, muss man sie ausquetschen bzw. auspressen.

Aber eine Person? Was will man aus ihr herausquetschen?

Informationen, die derjenige nicht so gern nennen will!

Meine Mutter möchte alles über meinen neuen Freund wissen. **Sie hat mich wie eine Zitrone ausgequetscht!**

Meine Nachbarn sind sehr neugierig. Sie wollen alles wissen. **Aber ich lasse mich doch nicht wie eine Zitrone ausquetschen!**

5. aus einer Zitrone eine Limonade machen

Die Zitrone ist sauer und es ist kein Vergnügen, hinein zu beißen. Wenn ich aber den Saft auspresse und mit Wasser und Zucker daraus ein Getränk herstelle, nämlich eine Limonade, dann möchte jeder davon trinken.

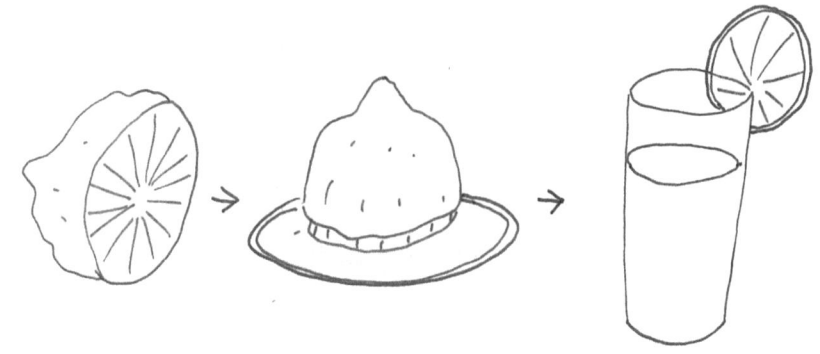

Unser Ausdruck ist ein Ratschlag für schwierige Lebenssituationen. Aus mancher „Zitrone" kann man mit einer guten Idee und etwas Geschick eine „Limonade" machen, also aus etwas Unangenehmem etwas Gutes.

6. für jemanden die Kastanien aus dem Feuer holen

Ihr kennt sicher Maroni, geröstete Kastanien. Man kann sie im Winter auch in Deutschland auf der Straße kaufen, zum Beispiel auf dem Weihnachtsmarkt.

Sie sind sehr heiß und man muss sie vorsichtig mit einer Zange aus dem Feuer oder vom heißen Ofen holen.

Der Ausdruck „**die Kastanien aus dem Feuer holen**" ist schon sehr alt und vermutlich war es früher noch schwieriger, das zu tun.

Heute verwendet man den Ausdruck für unangenehme, schwierige oder gefährliche Aufgaben, die man für eine andere Person erledigt. Und man denkt, dass derjenige das eigentlich selbst erledigen sollte.

Du willst Kastanien essen? Dann hol sie doch selbst aus dem Feuer und verbrenn dir die Finger!

Kannst du bitte mit meinem Vermieter sprechen? Er ist so unfreundlich und will die Heizung nicht reparieren lassen.

Ach so? **Und warum soll ich für dich die Kastanien aus dem Feuer holen**? Warum machst du das nicht selbst?

Der Bürgermeister hat sich unbeliebt gemacht, er hat den Bürgern viel versprochen, aber seine Versprechen nicht gehalten. Die Bürger sind verärgert und der Wahlkampf steht bevor.

Wer kann jetzt noch für ihn die Kastanien aus dem Feuer holen?

für jemanden die Kastanien
aus dem Feuer holen

Nochmal kurz:

1. **_in den sauren Apfel beißen_** = _etwas Unangenehmes machen_

2. **_mit einer Person ist nicht gut Kirschen essen_** = _man kann mit der Person nicht gut auskommen_

3. **_Äpfel mit Birnen vergleichen_** = _ganz verschiedene Sachen miteinander vergleichen_

4. **_eine Person wie eine Zitrone ausquetschen_** = _Informationen aus einer Person mit Druck erfragen_

5. **_aus einer Zitrone eine Limonade machen_** = _aus einer schlechten Situation das beste machen_

6. **_für eine Person die Kastanien aus dem Feuer holen_** = _für jemanden etwas Unangenehmes erledigen_

10.   *Redewendungen zum Thema Insekten*

1. aus einer Mücke einen Elefanten machen

Es ist Sonntag Nachmittag. Gabi und Werner sind zu Hause und unterhalten sich.

Gabi: Du lässt immer im Bad die Handtücher herumliegen. Mal auf dem Boden, mal in der Badewanne. Wenn sie nass sind, musst du sie aufhängen.

Werner: Ja, ja.

Gabi: Und auf dem Esstisch sind schon wieder Krümel. Wenn ich esse, findest du keine.

Werner: Ach so.

Gabi: Und dann das Schlafzimmer. Du …

*Werner: **Hör doch auf, immer aus einer Mücke einen Elefanten zu machen!***

2. Jemand kann keiner Fliege etwas zuleide tun

Monika hat ein gutes Herz, sie hilft gern Menschen und auch Tieren. Sie ist immer freundlich und friedlich.

Die beleidigt keine Nachbarn, sie schreit ihre Kinder nicht an, sie ist nicht aggressiv. Sogar Fliegen kann sie nicht töten, sie fängt sie und bringt sie nach draußen. **Sie kann keiner Fliege etwas zu leide tun.**

3. Jemanden stört die Fliege an der Wand

Heute ist Tim sehr schlecht gelaunt. Beim geringsten Problem ärgert er sich und flucht und schimpft.

Das beginnt schon am Morgen. Sein Frühstücksei ist zu hart. Die Brötchen sind nicht knusprig genug. Der Kaffee ist zu kalt. Tim ärgert sich und beschwert sich bei seiner Frau Erika.

Erika: Was ist nur heute mit dir los? **Dich stört ja die Fliege an der Wand!**

jemanden stört die Fliege an der Wand

4. Die Flöhe husten hören

Der Floh ist ein kleines, aber unangenehmes Insekt.

Marlene und Stefan unterhalten sich über ihre neuen Nachbarn, die vor drei Wochen eingezogen sind.

Marlene: Die sind total komisch. Ich denke, da stimmt etwas nicht. Die Frau geht abends immer weg und kommt erst spät nach Hause. Was die wohl macht?

Stefan: Ich habe gehört, sie arbeitet als Kellnerin in einem guten Restaurant.

Marlene: Und der Mann ist so oft im Keller.

Stefan: Vielleicht muss er noch vom Umzug aufräumen.

Marlene: Die Kinder sehen ihren Eltern gar nicht ähnlich.

*Stefan: Jetzt hör aber auf, so misstrauisch zu sein. **Du hörst ja die Flöhe husten!***

die Flöhe husten hören

5. ... *wie von der Tarantel gestochen*

Die Tarantel ist eine Spinnenart. Der Name stammt von der italienischen Stadt Tarent. Die Spinne ist schwach giftig.

Familie Gerold geht spazieren. Sie gehen in ein kleines Café und trinken einen Espresso.

*Plötzlich springt Herr Gerold **wie von der Tarantel** gestochen auf.*

„Was ist denn los?", fragt seine Frau.

„Ich habe den Termin mit einem wichtigen Kunden ganz vergessen! Ich muss sofort weg!"

„Schade.", meint Frau Gerold. „Es war gerade so gemütlich."

wie von der Tarantel gestochen
aufspringen

1. **aus einer Mücke einen Elefanten machen** = _aus einem kleinen Problem ein großes machen_

2. **jemand kann keiner Fliege etwas zuleide tun** = _jemand ist sehr friedfertig und liebt auch Tiere_

3. **jemanden stört die Fliege an der Wand** = _jemand ist nervös und reizbar_

4. **die Flöhe husten hören** = _extrem misstrauisch sein, grundlose Vermutungen aussprechen_

5. **wie von der Tarantel gestochen** = _plötzlich, ohne Vorwarnung heftig reagieren_